思い立ったらすぐできる！
6コマお菓子レシピ

marimo 著

はじめに

「お菓子作りは簡単で楽しいってことを、どうすれば伝えられるんだろう？」

私がお菓子作りのブログやインスタグラム、お菓子教室をやるうえで、いつも考えているテーマです。そうしてお菓子を作って写真を撮っているうちに、ほとんどのお菓子の作り方が6工程以内で説明できると気づきました。そこでインスタグラムに「#6コマレシピ」としてレシピ投稿を始めたところ、フォロワーの皆様から「わかりやすい！」という声をいただくようになり、今回レシピ本としてまとめることになりました。

この本では基本レシピに6コマ、バリエーションレシピに3〜4コマの工程写真が付いています。写真があることで生地の状態がわかりやすく、工程がイメージしやすいため、お菓子作り初心者の方でもチャレンジしやすいと思います。

「お菓子作りは材料を揃えるのが大変」と言われることが多いのですが、実はそんなことはありません。お家にいつもあるような材料でいろいろなお菓子が作れます。

そこでPart1では、基本の5つの材料（卵、薄力粉、砂糖、牛乳、植物油）だけで作れる8種類の生地と、それにフレーバーを加えてアレンジを楽しむレシピをまとめてみました。

さらにPart2では、バターが手に入ったら作れるお菓子、チョコレートやクリームチーズが手に入ったら作れるお菓子、というように使う材料が増えていく構成にしました。

Part3では冷たいお菓子を紹介しています。ここでも、固め方の違い別に紹介しながら、それぞれの作り方のバリエーションを展開させています。

お菓子の材料は意外と単純で、配合や混ぜ方、焼き方が違うとまったく別のお菓子になる。そんな面白さを感じていただけたらと思います。お菓子作りがもっと身近になって、お菓子を囲む笑顔の時間が増えてくれたら嬉しいです。

Contents

- 2 はじめに
- 6 焼き菓子の方程式
- 8 冷たいお菓子の方程式
- 9 本書のレシピについて

- 10 コラム・道具について

Part 1 基本の材料で作るお菓子

植物油で作るクッキー生地
- 12 スノーボール
- 14 ジンジャービスケット
- 15 ごまビスケット

混ぜるだけの簡単マフィン生地
- 16 プレーンマフィン
- 18 バナナとベリーのマフィン
- 19 レモンマフィン

全卵を泡立てるスポンジ生地
- 20 ショートケーキ
- 23 カスタードケーキ

卵黄と卵白を泡立てるシフォン生地
- 24 プレーンシフォンケーキ
- 26 チョコクリームのシフォンサンド
- 27 コーヒーマーブルシフォンケーキ
- 28 チョコバナナロールケーキ

基本の材料でシンプルお菓子
- 30 いろいろスコーン
- 32 2色蒸しパン
- 34 ころころドーナツ
- 36 ダッチベイビー

- 38 コラム・型について

Part 2 材料を足して作るお菓子

バターを楽しむクッキー生地
- 40 型抜きクッキー
- 42 ココアとクルミのクッキー
- 44 チーズクッキー
- 46 タルトタタン
- 48 型なしフルーツタルト

バターを楽しむやわらかい生地
- 50 プレーンパウンドケーキ
- 52 キャロットケーキ
- 54 ブルーベリークランブルケーキ
- 56 マドレーヌ

シンプルな材料でワンランク上のお菓子
- 58 シュークリーム
- 61 チョコレートシュークリーム

プラスαの材料がメインのお菓子
- 62 ガトーショコラ
- 64 フォンダンショコラ
- 66 チーズケーキ
- 68 スイートポテト

70 コラム・愛用の材料について

Part 3 冷たいお菓子

卵で固める冷たいお菓子
- 72 カスタードプリン
- 74 アールグレイ風味の
  クレームブリュレ

ゼラチンやアガーで固める冷たいお菓子

- 76 パンナコッタ
- 78 抹茶のパンナコッタ
- 79 マンゴープリン
- 80 オレンジゼリー
- 82 ミルクプリン

クリームを泡立てる冷たいお菓子
- 84 チョコレートムース
- 86 苺のムースケーキ

冷凍で作るなめらかお菓子
- 88 ロイヤルミルクティー
  アイスクリーム
- 90 マンゴーアイスクリーム
- 92 バナナとラズベリーのアイスケーキ

94 おわりに

焼き菓子の方程式

Part1でご紹介するいろいろな焼き菓子は、
「基本の5つの材料」がメインのものです。
作り方によってベーキングパウダーやヨーグルトなどを使用し、
生地にやわらかさを出しています。
バリエーションではさまざまな具材を加えて、フレーバーを楽しみます。

基本の5つの材料

卵

Mサイズ(正味55g＝卵黄約20g、卵白約35g)を使用しています。全卵をほぐして使ったり、卵黄と卵白を別に泡立てて使ったりすることで、お菓子の食感を変えることができます。

＋

小麦粉

タンパク質含量によって、強力粉、準強力粉、中力粉、薄力粉と分類されます。ほとんどのお菓子作りには、タンパク質含量が少なく、**グルテンの形成が少ない薄力粉**が使われます。

＋

砂糖

さっぱりと上品な甘さに仕上げたいときは**グラニュー糖**を、コクを出したいときはきび**砂糖**や**てんさい糖**を使います。砂糖には生地をしっとりさせ、やわらかさを保つ役割もあります。

＋

牛乳

成分無調整牛乳を使用しています。生地の風味をよくしたりしっとりさせたり、流動性を持たせるために加えます。

＋

植物油

液状のため、生地中にさっと分散させることができ、焼く際オーブン内でもしなやかにふくらみます。バターを使用したときに比べ、さっぱり軽い口当たりになります。**サラダ油**が代表的ですが、私は**太白ごま油**を好んで使っています。

Part 2では、基本の材料にプラスαの材料を加えて、
さらに風味のあるお菓子を作っていきます。
たとえば植物油ではなくバターを使ったお菓子は、リッチな風味に。
小麦粉にアーモンドプードルを少し加えただけで、コクが違います。
製菓材料店に行かなくても、スーパーで十分手に入るものばかりです。

プラスαの材料

 バター

ご家庭では有塩バターを常備していることが多いですが、お菓子作りには**無塩バター**を使用します。特に乳酸菌で発酵させて作られた**発酵バター**を使うと、深い香りと旨味が出るので、私はよく使っています。

 生クリーム

純乳脂肪40%前後のものを使用しています。乳脂肪分35%に近いとあっさりした味わい、50%に近いとコクのある味わいになります。また、乳脂肪分が高いほど早く泡立ちます。

 チョコレート

カカオ豆と砂糖を主原料に作られるチョコレート。国際規格における**クーベルチュールチョコレート**は、カカオバターの含有量が多いため口溶けがよく、製菓用に使われることが多いです。

 クリームチーズ

クリーミーで滑らかなクリームチーズは、メーカーによって**酸味やミルク感が異なる**ので、仕上がりの味も変わってきます。いろいろ試してお気に入りを見つけましょう。

 アーモンドプードル

アーモンドパウダーとも言います。生地にコクを出したりしっとりさせる役割があります。また、タルトの中心部の生地にはアーモンドプードルが欠かせません。

冷たいお菓子の方程式

Part 3に出てくる冷やしていただくお菓子は、
液状の材料を凝固作用のある材料で固めて作ります。
固める材料と、生クリームなどを泡立てるかどうかで仕上がりの口当たりが違ってきます。

基本の材料

水分
（ジュース・フルーツピューレ・牛乳など）

＋

砂糖
（甘味を足したいとき）

固める材料

＋  卵

卵が熱で固まる性質を使い、**プリン**や**クレームブリュレ**などを作ります。卵黄と卵白の凝固温度や固まり方は異なるため、卵黄と卵白の配合によって仕上がりのかたさが変わってきます。

＋

牛や豚の骨や皮に含まれるコラーゲンが原材料です。主に**ゼリー**や**ムース**に使用し、やわらかく口に含むとすっと溶ける食感に仕上がります。粉状、板状の2種類がありますが、本書では粉状のものを使用しています。ゼラチンは高温で煮沸させると、分解されて固まりにくくなるので気をつけます。

＋

海藻や、マメ科の種子の抽出物が原材料の白っぽい粉末状の凝固材です。主に**ゼリー**に使用し、とぅるんとした滑らかな食感が特徴。ゼラチンは冷蔵庫で冷やさないと固まらないのに対し、アガーは常温で固まり、溶け出すことがないため急いで作りたいときにもおすすめです。

＋

とうもろこしから取ったデンプンです。液体に溶かしてから加熱することでとろみをつけることができます。本書では**アイスクリーム**のレシピで、凍らせている途中でかき混ぜることなくやわらかく仕上げるのに使っています。

本書のレシピについて

生地のテーマ
生地の作り方別に、まとめて記載しています。
まず基本のレシピ、そしてアレンジがあるものはバリエーションレシピへと続きます。同じ生地でもデコレーションの方法を変えたり、材料や焼型を少し変えるだけでまったく別のお菓子になるのをお楽しみください。

作り方
基本の生地は6コマ、バリエーションは基本をふまえた3～4コマの工程写真に沿って、作り方を説明しています。写真の状態を参考にしながら作っていけば失敗しにくくなります。

ポイント
作り方のちょっとしたコツや注意点、デコレーションのヒントなどを記載しています。

分量について

● 作りやすい最少量の分量で記載しています。たくさん食べたい場合には材料を2倍にして作っても構いません。型の大きさと生地量の目安は、丸型でいうと12cm：15cm：18cm＝1：2：3です。

● 分量を変えた場合や、この本で使用した型がない場合は、使用する型の大きさに合わせて生地を入れ、余った分は小さな容器に入れて焼いてください。入れすぎると溢れますので気をつけてください。

● 液体の材料もg（グラム）で表記しています。P10で紹介するデジタルスケールがあれば簡単に、正確に量ることができ、慣れるとこのやり方のほうが断然作りやすいので、おすすめです。

作り始める前に

● 道具はきれいに拭いてから使いましょう。水分や油分がついていると、生地が分離する原因になります。

● すべての材料を計量してから作り始めるとスムーズに作業できます。

● オーブンを使うときは予熱が必要です。「180℃に予熱」というのは、オーブン庫内が180℃に温まっているということです。オーブンの予熱完了合図が鳴っても、温度が達していない場合が多いので、5分ほど余計に予熱するとよいでしょう。私はオーブン用の温度計を庫内に入れてチェックしています。

● 焼成温度や焼き時間は、オーブンの機種によって異なります。本書では家庭用電子オーブンを使用した場合のレシピですので、ガスオーブンの場合は設定温度を10～20℃下げるなど加減してください。

道具について

お菓子作りに必要な道具を紹介します。
最初はボウルと泡立て器から始めて、だんだんと揃えていきましょう。

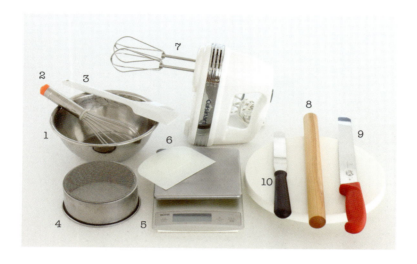

揃えておきたい道具

1. ボウル
直径20cmをメインに使用。ハンドミキサーを使うときは一回り大きいもの、材料が少ないときは一回り小さいもの、など使い分けています。

2. 泡立て器
しなりすぎずかたすぎず、重たくないものが使いやすいです。使用するボウルの大きさに合わせてサイズを選びます。

3. ゴムベラ
生地を混ぜたり、ボウルの生地を無駄なく型に流すことができます。持ち手と一体型だと衛生的。耐熱性だと火にかけたときにも使えて便利です。

4. ふるい
粉類をふるってから使うのは、ダマをなくすため、異物混入を防ぐためという目的があります。最初は目の細かいざるなどで代用してもOKです。

5. デジタルスケール
材料を正確に量るのはお菓子作りの基本です。デジタルだと、ひとつの容器に別の材料を加えて量れるので便利です。

6. カード
平らなほうで生地をカットしたりならしたり。丸いほうは、ボウルの中で生地を混ぜたり、こびりついた生地をすくうときに役立ちます。

7. 電動ハンドミキサー
メレンゲ作りや、スポンジ生地の泡立てにはハンドミキサーが欠かせません。

あると便利な道具

8. めん棒
クッキー生地などを平らにのばすときに使います。ない場合はラップの芯(ラップがついたままでもOK)で代用できます。

9. 波刃包丁
ケーキをカットする際、きれいに切れます。直火もしくは熱湯で温めてから使うとさらに仕上がりがきれいになります。

10. 回転台とパレットナイフ
丸型のケーキをデコレーションする際に必要です。

Part 1
基本の材料で作るお菓子

　思い立ったらすぐに作れるよう、シンプルな材料でできるレシピをまとめました。卵、小麦粉、砂糖、牛乳、植物油だけでこんなにいろいろなお菓子が作れます。
　植物油を使って作るお菓子は、軽い口当たりで食べやすいのが特徴。クッキーやスコーンはカリッとした歯応えに、スポンジ生地やシフォン生地は冷めてもふわふわに仕上がります。
　また植物油は、バターのようにやわらかくしたり溶かしたりする手間もなく、そのまま使えるという利点も。パッと作る普段のおやつに最適です。

植物油で作るクッキー生地

Snowball
スノーボール

植物油を使って簡単にできるサクサク、さっぱり味のクッキー生地。
最後にまぶす粉糖に苺パウダーを混ぜると甘酸っぱく、
見た目もかわいく仕上がり、プレゼントにもぴったり。

材料（直径2cmのボール形24個分）

A	薄力粉	100g
	粉糖	30g
	植物油	45g
	バニラエッセンス	少々
B	仕上げ用粉糖	15g
C	仕上げ用粉糖	10g
	フリーズドライ苺パウダー	7g

準備
- Aは合わせてふるっておく。
- オーブンを180℃に予熱しておく。

How to make

1

ボウルにふるったAと植物油を入れる。フォークの背を使い、生地をボウルの底に押しつけるように切り混ぜる。

2

均一な状態になったらバニラエッセンスを加え、なじむまでフォークで切り混ぜる。

3

2の生地を手で握り、ひとかたまりにする。

4

3を24等分に分け、両手のひらで転がして丸くする。

5

オーブンシートを敷いた天板にのせ、180℃に予熱したオーブンで10分焼く。

6

焼きたての熱いうちにB（もしくはCを混ぜ合わせたもの）の中で転がし、まぶしつける。

Point
- クッキーが冷めると粉糖がうまくつかないので、焼き上がったらすぐにまぶしつけるようにします。

植物油で作るクッキー生地 バリエーション

Variation 1
ジンジャービスケット

基本の生地に、ほろ苦いココアと
ピリリと効かせる生姜を加え、さっぱりした味に。
ザクザクした食感で食べ応えのあるおやつになります。

材料（直径4cmの丸型24個分）

A	薄力粉	100g	植物油	50g
	ココア	10g	すりおろし生姜	10g
	グラニュー糖	40g	牛乳	10g

準備
- Aは合わせてふるっておく。
- オーブンを180℃に予熱しておく。

Point
- 生地がやわらかい場合は、3mmの厚さにのばしてから冷凍庫に入れ、かたくしてから型抜きするときれいにできます。

How to make

1 ボウルにふるったA、グラニュー糖、植物油を入れ、P13のスノーボールと同じ要領で混ぜたら、生姜と牛乳を加え混ぜる。

2 ラップで上下をはさみ、麺棒で3mmの厚さにのばす。

3 2を直径4cmの型で抜く。

4 オーブンシートを敷いた天板にのせ、フォークで模様をつけ、180℃に予熱したオーブンで10分焼く。

Variation 2
ごまビスケット

ポリポリした歯応えと、ほんのり塩味が後引くビスケット。
香ばしく煎った2種類のごまをたっぷり入れて。

材料（3cmの四角形20個分）

A	薄力粉	50g
	グラニュー糖	15g
	塩	ひとつまみ
	白ごま	5g
	黒ごま	5g
	植物油	15g
	牛乳	10g

準備
- 薄力粉はふるっておく。
- ごまはフライパンで煎っておく。
- オーブンを180℃に予熱しておく。

Point
- 牛乳を加えてなじんだら、練るのではなく、ぎゅっと握ってまとめるようにします。

How to make

1
Aを混ぜ合わせたボウルに植物油を入れ、P13のスノーボールと同じ要領で混ぜる。

2
牛乳を加えて混ぜ、ひとかたまりにしたら、ラップで上下をはさみ、3mmの厚さにのばし、包丁で3cm角にカットする。

3
オーブンシートを敷いた天板にのせ、180℃に予熱したオーブンで10分焼く。

混ぜるだけの簡単マフィン生地

Plain muffin
プレーンマフィン

ひたすら混ぜるだけで簡単にできるマフィン。
植物油を使うので、さっぱり軽い口当たりに仕上がります。

材料（直径7cmのマフィン型6個分）

卵	2個
グラニュー糖	80g
植物油	50g
牛乳	40g
A ┌ 薄力粉	100g
└ ベーキングパウダー	5g

準備

- オーブンを170℃に予熱しておく。
- ココア味にする場合はAの薄力粉を90gにして、ココアパウダー10gを加える。

How to make

1 ボウルに溶いた卵とグラニュー糖を入れ、ボウルの底を湯せんで温め、グラニュー糖が溶けるまで軽く泡立てる。

2 植物油を加え、均一になるまで混ぜる。

3 牛乳を加え、均一になるまで混ぜる。

4 Aを合わせてふるい入れ、粉っぽさがなくなるまで泡立て器で円を描くように混ぜる。

5 これくらいのとろりとした生地になればOK。

6 敷紙を敷いた型に流し、170℃に予熱したオーブンで25分焼く。

Point

正方形にカットしたオーブンシートの四辺に切り目を入れて敷き込みます。

焼き上がったら網の上に出し、ポリ袋に入れて保湿しながら冷ますとしっとりします。

混ぜるだけの簡単マフィン生地 バリエーション

Variation 1
バナナとベリーのマフィン

バナナを加えて少しもちっとしたやさしい甘さの生地に、ベリーの酸味が好相性。
ベリーは1種類でもおいしくできます。

材料（直径7cmのマフィン型6個分）

卵	1個
てんさい糖	50g
植物油	30g
バナナ	1本（正味80g）
A ┌ 薄力粉	70g
└ ベーキングパウダー	2g
ブルーベリー	25g
ラズベリー	25g

準備
- バナナはフォークなどでつぶしておく。
- オーブンを170℃に予熱しておく。

Point
- バナナは黒い点（シュガースポット）が出るほど熟したものを使うのがおすすめ。
- 冷凍ベリーを使う場合は凍ったままのせればOKです。

How to make

1 P17のプレーンマフィンと同じ要領で生地を作る。※牛乳の代わりにつぶしたバナナを加える。

2 敷紙を敷いた型に生地を半分くらい入れてベリーをのせる。さらに生地、ベリーと交互に入れていく。

3 170℃に予熱したオーブンで25分焼く。

Variation 2

レモンマフィン

ふんわりしっとり生地に、レモン果汁とレモンの皮を入れて
爽やかに。レモンチョコもしくはホワイトチョコで
コーティングするとさらにかわいく仕上がります。

材料（直径5cmのミニマフィン型12個分）

卵	1個	A［レモンの皮	½個分
グラニュー糖	50g	［レモン果汁	15g
植物油	50g	B［薄力粉	60g
		［ベーキングパウダー	1g

準備
- レモンの皮はすりおろしておく。　● Bは合わせてふるっておく。
- 卵は常温に戻しておく。　● オーブンを170℃に予熱しておく。

Point
- 生地は絞り袋に入れると、きれいに型に入れられます。
- 写真はホワイトチョコとレモンチョコを湯せんで溶かしてコーティングし、刻んだピスタチオを飾っています。

How to make

1 割りほぐした卵にグラニュー糖を加え、白くふんわりするまでハンドミキサーで泡立てる。

2 Aを加え、均一になるまで泡立て器で混ぜる。植物油も加え、同様に混ぜる。

3 ふるったBを加え、泡立て器で円を描くように混ぜる。均一になったら生地の完成。

4 敷紙を敷いた型に流す。170℃に予熱したオーブンで18分焼く。

全卵を泡立てるスポンジ生地

Short cake
ショートケーキ

自分で焼くのは難しい！　と思いがちのスポンジケーキ。でも材料をよく見ると、どこの家でも常備しているようなものばかり。卵の泡立てさえきちんとできれば、実は簡単なので、ぜひチャレンジしてみてください。

スポンジ生地

材料（直径12cmの丸型）

卵	1個
グラニュー糖	35g
薄力粉	35g
A 植物油	10g
牛乳	12g

準備

- 合わせたAを湯せんで人肌程度に温めておく。
- 型に敷紙を敷いておく。
- オーブンを170℃に予熱しておく。

How to make

1 卵とグラニュー糖を湯せんにかけながらハンドミキサーで泡立て、40℃くらいになったら湯せんから外しさらに泡立てる。爪楊枝が立つのが目安。

2 薄力粉をふるい入れ、ゴムベラで底から返すように混ぜる。

3 粉気が見えなくなったら、生地の一部を、合わせて湯せんにしておいたAに加え、なじませてからボウルに戻す。

4 均一になるまでゴムベラで底から返すように混ぜる。

5 型に生地を流し、型ごと台に5回ほど落とし表面の気泡を消す。170℃に予熱したオーブンで25分焼く。

6 焼けたら網の上で冷まし、完全に冷めたら敷紙を外し波刃包丁で1cmの厚さに3枚にカットする。

Point

- 12cmの丸型は2〜3人分サイズです。
- 材料を2倍にすると15cm丸型、材料を3倍にすると18cm丸型で焼けます。その場合は焼き時間も様子を見て延ばしてください。

ショートケーキデコレーション

スポンジがうまく焼けたら、次は生クリームのデコレーションに挑戦。
香りづけのキルシュは、手に入らなければはぶいてもOKです。

材料（直径12cmの丸型）

直径12cmのスポンジ生地	1個
A ┌ 生クリーム	200g
├ グラニュー糖	20g
└ キルシュ	2g
B ┌ 水	30g
├ グラニュー糖	10g
└ キルシュ	2g
苺	1パック

準備

- Bでシロップを作っておく。
  水とグラニュー糖を小鍋に入れて煮溶かし、冷めたらキルシュを加える。
- 苺は濡れタオルで汚れを拭き取り、飾り分を残して5mmの厚さにスライスしておく。

How to make

1 Aの半量をハンドミキサーで8分立てに泡立てる。シロップを打った生地にクリームを塗り、さらに苺、クリームと重ねる。

2 もう一段繰り返し、上に生地をのせる。クリームを全体に下塗りし、冷蔵庫で10分冷やし固める。

3 ボウルに残りのAを入れハンドミキサーで先ほどよりゆるめに泡立てる。半量をケーキにぽってりのせる。

4 パレットナイフを水平に当てながら回転台を回し、表面を平らに整える。

5 クリームを足しながら側面も塗る。上部にできた角は内側にならす。

6 丸口金を付けた絞り袋に残ったクリームを入れ、上部に絞り出す。苺を飾ったら完成。

Point

生地にシロップを打つことで、しっとり口溶けよく仕上がります。

- 仕上げ用のクリームよりサンド＆下塗りのクリームのほうをかたくしたいので、2回に分けて泡立てます。
- カットする際は波刃包丁を直火または熱湯で温め、小刻みに動かしながらカットすると断面がきれいに仕上がります。

全卵を泡立てるスポンジ生地 バリエーション

Variation
カスタードケーキ

ふんわり空気を含んだスポンジ生地を、小さめの型で焼き上げました。
クリームの水分が生地になじむまで冷蔵庫で冷やすと、とろけるような口当たりに。

材料（直径8cmのレモン型6個分）
P21のスポンジ生地	全量
P60のカスタードクリーム	全量
A 生クリーム	50ml
グラニュー糖	5g

準備
- 型に薄く油を塗っておく。
- オーブンを180℃に予熱しておく。

Point
- 生クリームを加えてリッチな味わいになったカスタードクリームは、適量を使い、残りは別のお菓子に利用します。

How to make

1 P21と同じ要領でスポンジ生地を作り、型に流す。180℃に予熱したオーブンで15分焼く。網の上に出して冷ます。

2 P60と同じ要領でカスタードクリームを作る。Aを合わせて8分立てに泡立て、加えて混ぜる。

3 **1**の生地が冷めたら菜ばしなどで裏に穴を開け、細い口金を付けた絞り袋で**2**のクリームを絞り入れる。ひとつあたり20g目安。

卵黄と卵白を泡立てるシフォン生地

Plain chiffon cake
プレーンシフォンケーキ

シフォンケーキをおいしく作るコツは、
なんといっても卵黄と卵白を別々にしっかりと泡立てること。
それさえ守れば、やわらかくきめ細かい生地ができ上がります。

材料（直径17cmのシフォン型）

A ┌ 卵黄 ……………………… 3個分
  └ グラニュー糖 …………… 15g
    植物油 …………………… 30g
    牛乳 ……………………… 35g
    薄力粉 …………………… 60g
    卵白 ……………………… 3個分
    グラニュー糖 …………… 50g

準備

- 植物油と牛乳は湯せんで人肌に温めておく。
- 卵白は大きなボウルに入れて冷蔵庫で冷やしておく。
- オーブンを170℃に予熱しておく。

How to make

1 Aをボウルに入れ、白っぽくなるまでハンドミキサーで約1分間泡立てる。

2 1に植物油を加え、油が見えなくなるまでしっかり混ぜたら牛乳も加え混ぜる。なじんだら薄力粉をふるい入れて混ぜる。

3 冷やしておいた卵白にグラニュー糖ひとつまみを入れ、ハンドミキサーの低速で30秒程泡立てる。泡立てながら15秒おきに4回に分けてグラニュー糖を加え、つややかなメレンゲを作る。

4 2に3のメレンゲをひとすくい加え、均一になるまで泡立て器で混ぜる。

5 残りのメレンゲを泡立て直し、4を加え、均一になるまでゴムべらで底から返すように混ぜる。

6 型に生地を流し、型の側面が見えなくなるよう生地をすり付ける。170℃に予熱したオーブンで35分焼く。逆さまにして冷ます。

Point

型には油脂などを塗らずに生地を流すので、型から外すときはペティナイフを側面に差し込みぐるっと一周します。底面もナイフを一周し、中心は竹串を刺し込み外します。

卵黄と卵白を泡立てるシフォン生地 バリエーション

Variation 1
チョコクリームのシフォンサンド

シンプルに生クリームと果物を添えてもいいですが、
ひと手間加えた仕上げをすれば違った印象のお菓子に。

材料（8カット分）
直径17cmのシフォンケーキ ──── 1個
チョコレート ──────────── 50g
生クリーム ───────────── 200g
苺 ──────────────── 1パック

Point
- シフォンケーキは型ごと冷蔵庫でしっかり冷やしておくと型から抜きやすくなります。
- チョコクリームにブランデーを小さじ½入れてから泡立ててもおいしいです。

How to make

1 ボウルにチョコレートを入れ、湯せんにかけて溶かす。生クリームを少しずつ加え混ぜる。

2 均一になるまで混ぜたら、ハンドミキサーで泡立てる。

3 口金を付けた絞り袋に入れ、8等分にカットしたシフォンの真ん中に切り目を入れて絞り出す。苺を飾ったら完成。

Variation 2
コーヒーマーブルシフォンケーキ

プレーンシフォンの一部をコーヒー風味にしてマーブルに。
カットした断面を見るのが楽しみなお菓子です。

材料（直径17cmのシフォン型）
P25のプレーンシフォンの材料 ―― 1台分
インスタントコーヒー ―― 5g
熱湯 ―― 5g

準備
- オーブンを170℃に予熱しておく。

Point
- 型に生地を流す際にも混ざるので、工程3では3回以上混ぜないよう注意！

How to make

1 インスタントコーヒーに熱湯を加え、ダマがないよう溶いておく。

2 P25と同じ要領でプレーンシフォン生地を作り、1/3量を1に加えゴムベラで混ぜる。

3 元のボウルに戻し、底から生地を返すようにゴムベラで3回混ぜる。

4 型に流し、170℃に予熱したオーブンで35分焼く。逆さまにして冷まし、完全に冷めたら型から外す。

卵黄と卵白を泡立てるシフォン生地 バリエーション

Chiffon cake variation 3
チョコバナナロールケーキ

シフォン生地を天板に流して薄く焼けば、なんとロールケーキに！
ここではココアを加えて風味を変えた生地を紹介します。
ふんわり食感に見た目もかわいく、おもてなしにもおすすめです。

材料（28cm四方の天板1枚分）

卵黄	3個分	卵白	3個分
グラニュー糖	15g	グラニュー糖	50g
植物油	30g	A 生クリーム	150g
牛乳	25g	グラニュー糖	15g
ラム酒	10g	ラム酒	2g
薄力粉	45g	バナナ	2本
ココア	15g		

準備
- 天板にオーブンシートを敷いておく。
- オーブンを170℃に予熱しておく。

How to make

1 P25と同じ要領でシフォン生地を作り（ラム酒は牛乳と一緒に混ぜ、ココアは薄力粉と一緒にふるい入れる）、天板に流す。

2 カードを使って平らにならし、170℃に予熱したオーブンで17分焼く。

3 網の上に出し側面の紙をはがし、冷めたら裏もはがす。巻きやすいように筋を入れる。

4 ボウルにAを入れ、ハンドミキサーで8分立てに泡立てる。

5 4をパレットナイフで塗り広げ、バナナを置き手前から巻き始める。

6 バナナを包み込む感じで、きゅっと巻いたら、紙に包んで冷蔵庫で1時間冷やし固める。

Point
- プレーンシフォンから薄力粉の一部をココアに替えて、牛乳の一部をラム酒に替えています。
- 生クリームを泡立てる際はボウルの底を氷水で冷やすと、きれいに泡立ちます。
- オーブン付属の天板に生地を流す場合は、面積に合わせて生地量を増減してください。

基本の材料でシンプルお菓子

Scone
いろいろスコーン

バターなし、冷蔵庫によくある材料でこんなにふんわり、
サックリできるなんて！　と驚くスコーンです。
生地にダマができないよう、フォークで混ぜるのがコツ。

材料（長辺6cmの三角形2個分）

A
- 薄力粉 ……………… 100g
- グラニュー糖 ……… 25g
- ベーキングパウダー … 5g
- 塩 …………………… ひとつまみ

植物油 ………………… 25g

B
- 卵 …………………… ½個
- 水切りヨーグルト …… 30g

具材用（好みで）
- オレンジピール …… 20g
- 紅茶の茶葉 ………… 2g
- ブルーベリー ……… 40g

準備
- プレーンヨーグルト60gをキッチンペーパーで包み、重石をして約1時間水切りし、30gにしておく。
- Bを混ぜ合わせておく。
- オーブンを180℃に予熱しておく。

How to make

1 ボウルにAをふるい入れ、植物油も加える。フォークの背でダマをつぶすように押しつけてサラサラの状態にする（約2分かかる）。

2 好みの具材を混ぜ（写真は紅茶茶葉とオレンジピール）、Bを加え、粉気がなくなるまでフォークで混ぜる。※Bはツヤ出し用に少量残しておく。

3 台の上に出し、ひとかたまりにしたらカードで半分に分ける。

4 片方の上にのせて押しつぶし、ひとかたまりにする。

5 これを3回繰り返し、ひとかたまりにしてラップに包み、冷蔵庫で30分寝かせる。

6 包丁で好みの形にカットし、表面に少量のBを塗る。180℃に予熱したオーブンで17～20分焼く。

Point
- 工程4以降は、生地をぎゅっとつかむとベタつくので、ポンポンと軽く叩くように触るのがコツ。ベタついて触れないようであれば、強力粉（分量外）をまぶしてください。
- 側面をカットすると層ができるので上に膨らんでいきます。
- 具材は1種類でも、何種類か混ぜてもOK。具材を何も入れなければプレーンスコーンになります。

基本の材料でシンプルお菓子

Steamed bread
2色蒸しパン

鍋で15分蒸すだけ、オーブンすらなくてもできてしまう、ふかふかの蒸しパン。
プレーン生地に抹茶を足せばバリエーションも。
蒸している間はふたをあけないのがふっくら仕上げるポイントです。

材料（直径7cmのココット型3個分）

プレーン生地
- 牛乳 ───── 65g
- グラニュー糖 ───── 40g
- 植物油 ───── 10g
- A ┌ 薄力粉 ───── 65g
   └ ベーキングパウダー ───── 3g
- さつまいも ───── 50g
- 黒ごま ───── 適量

抹茶生地
- さつまいも、黒ごま以外のプレーン生地の材料 ── 全量
- 抹茶 ───── 2g
- 甘納豆 ───── 50g

準備
- Aは合わせてふるっておく。
- さつまいもは洗ってから角切りにして、600Wのレンジで30秒程加熱しておく。
- ココットに敷紙を敷く。
- 鍋に蒸し器と水をセットして湯気が立つまで沸かしておく。

How to make

1 ボウルに牛乳とグラニュー糖を入れ、グラニュー糖が溶けたら植物油を入れ混ぜる。

2 Aを加え、粉気がなくなるまで混ぜる。

3 型に生地の半量を流し、さつまいもの半量を入れ、残りの生地をかぶせる。残りのさつまいもと黒ごまをのせる。

4 湯気の立った蒸し器にセットし、布巾を巻いたふたをして強めの中火で15分加熱する。

5 抹茶生地を作る場合は、Aに抹茶を合わせてふるい、2と同じように混ぜる。

6 3と同じように、生地、甘納豆、生地、甘納豆と入れ、4と同じように蒸す。

Point
- さつまいもはあらかじめ加熱しておくと、やわらかくて甘味が出ます。

基本の材料でシンプルお菓子

donut
ころころドーナツ

こちらはオーブンはもちろん、型すらいらないお手軽おやつ。
ヨーグルトを入れることで、外はカリッと中はふんわりもちもちしたドーナツができます。

材料（直径4cmのボール形8〜10個分）

- 卵 ……………………… 1個
- グラニュー糖 ………… 50g
- プレーンヨーグルト … 50g
- A [薄力粉 ……………… 150g
-    ベーキングパウダー … 5g
- 揚げ油 ………………… 適量
- シナモンシュガー …… 適量

準備

- Aは合わせてふるっておく。
- 揚げ油を160℃に温めておく。

How to make

1 ボウルに卵を溶きほぐし、グラニュー糖を入れて泡立て器で混ぜる。

2 1にヨーグルトを加え、なめらかになるまで混ぜる。

3 2に合わせてふるったAを加えて混ぜる。

4 粉気がなくなって均一になるまで泡立て器で混ぜる。あまり練りすぎないよう注意。

5 大きめのスプーン2本を使って生地を丸め、160℃の油で約4分揚げる。

6 網にとり油を切ったら、温かいうちにシナモンシュガーをまぶす。

Point

- ベタベタした生地なので、丸めるときはスプーンにあらかじめ油を塗っておくといいでしょう。
- 薄めのきつね色になったらOK。揚げすぎるとかたくなるので注意。
- シナモンシュガーのほか、お好みできな粉やきび砂糖をまぶしても。

基本の材料でシンプルお菓子

Dutch baby
ダッチベイビー

スキレットがあれば焼いてみたいダッチベイビー。外側は軽くシュー皮のようで、
底はもちっとクレープみたいな食感です。混ぜて焼くだけと簡単なうえ
トッピング次第でいろいろ楽しめるので、朝食、ランチ、おやつにどうぞ。

材料（直径15cmスキレット2個分）

薄力粉 ──── 40g

A
- 卵 ──── 1個
- 牛乳 ──── 40g
- グラニュー糖 ──── 10g
- 塩 ──── ひとつまみ
- バニラエッセンス ──── 2滴

植物油（もしくはバター） ──── 10g
クリームチーズ、果物、粉糖、
メープルシロップなど ──── 適量

準備
- 卵と牛乳は常温に戻しておく。
- オーブンに天板をセットしてスキレットを置き、220℃で予熱しておく。

How to make

1 ボウルに薄力粉をふるい入れる。

2 別のボウルにAの材料をすべて入れ、混ぜ合わせる。

3 **1**の薄力粉に**2**を注ぎながら、泡立て器で混ぜる。

4 粉気がなくなり、均一になればOK。

5 温めておいたスキレットに植物油5gをひいて、生地を半量流す。

6 220℃に予熱したオーブンを200℃に設定し、15分焼く。側面や底にも焼き色がついたら焼き上がり。同様にもう1枚焼く。

Point
- スキレットはあらかじめ、熱々に温めておくことが大切です。
- 生地を流したら、スキレットの側面にも少し生地がつくよう、取っ手を持って全体に回し広げます（火傷に注意）。
- お好みでクリームチーズ、レモン、ベリー類、粉糖などをトッピングしたり、メープルシロップをかけてもおいしいです。

column

型について

私が愛用しているお菓子型です。最初から全部揃えなくても、紙製の型などを使いながら、徐々に使いやすいものを見つけてください。

1. マフィン型、ミニマフィン型

グラシンカップやカットしたオーブンシートを敷いてから生地を流します。直径7cmのマフィンは食べ応えのある仕上がりに、直径5cmのミニマフィンはちょっとしたおやつにぴったりです。

2. 丸型

主に12cm、15cmを使用しています。側面と底に合わせてカットしたオーブンシートを敷きます。12cmは2〜3人サイズ、15cmは4〜6人サイズです。私は底の取れないタイプを使うことが多いです。

3. シフォン型

17cmを使用しています。シフォンケーキは型に生地がくっつくことで上に膨らむので、生地がはがれにくいアルミ製が使いやすく、愛用しています。油脂を塗らずに直接生地を流します。

4. パウンド型

16cm、18cmを使用しています。型に合わせて四隅に切り目を入れたオーブンシートを敷きます。フランスMATFER社の型を使うと焼き上がりがきれいなのでお気に入りです。

5. ロールケーキ型

28cmを使用しています。四隅に切り目を入れたオーブンシートを敷いてから生地を流します。オーブンの庫内に入る大きさの型を選びます。

6. ココット型

7cmを使用しています。蒸しパンのようにグラシン紙を敷いて生地を流すこともあれば、クレームブリュレのようにそのまま生地を流すことも。型としても器としても使えて便利です。

7. クッキー型

型の先端に強力粉をつけてから型抜きするときれいにできます。ドイツSTADTER社の花型がお気に入りです。型がないときは生地を包丁でカットして焼いてもOKです。

紙製型について

1〜4の型は、紙製の型もたくさん売っているので代用してもいいでしょう。焼いたままプレゼントしたい場合など、形が崩れず持ち運びできて便利です。ただし、焼成中に水分が飛びやすく、レシピによっては金属の型よりもしっとり感に欠ける場合があります。

Part 2
材料を足して作るお菓子

　基本の材料に、無塩バター、チョコレート、クリームチーズなどを加えて作る風味豊かなお菓子を集めました。バターは植物油に比べて少しだけ手間がかかる分、バターにしか出せないリッチな口当たりや風味があるので、ぜひ使ってみてください。バターを使ったやわらかい生地は、冷蔵庫で保存するとかたくなるので、食べるときには常温に戻してからいただきましょう。

　シュークリームやガトーショコラなど憧れだったお菓子も、手順写真をよく見て作れば簡単。プレゼントにもおすすめなレシピです。

バターを楽しむクッキー生地

Cookie
型抜きクッキー

サクサクした基本のクッキー。甘酸っぱいレモンアイシングがいいアクセントに。
薄くのばして冷凍してから型抜きするときれいにできます。

材料（直径5cmの花型約15枚分）

A
- 薄力粉 —————— 90g
- アーモンドプードル —— 10g
- 粉糖 —————— 25g
- 塩 —————— ひとつまみ

無塩バター —————— 50g

B
- 卵 —————— 10g
- バニラエッセンス —— 8滴

レモンアイシング用
- 粉糖 —————— 50g
- レモン果汁 —— 10ml

準備
- Aは合わせてふるっておく。
- 材料はすべて冷蔵庫で冷やしておく。
- オーブンを180℃に予熱しておく。

How to make

1 合わせてふるったAをフードプロセッサーに入れ、バターも加えて攪拌する。

2 バターの粒がなくなったらBを加え、そぼろ状になるまで攪拌する。

3 台の上に出し、軽く手でこねてからラップに包み、のばしやすい固さになるまで冷蔵庫で冷やす。

4 ラップではさみ、3ミリの厚さにのばし、冷凍庫で冷やし固める。

5 好みの型で抜く。オーブンシートを敷いた天板に並べ、180℃に予熱したオーブンで10～12分焼く。

6 ふるった粉糖にレモン果汁を加え混ぜる。クッキーの表面につけて乾かす。

Point
- フードプロセッサーがない場合は、P43を参考に、バター、粉糖、卵、粉類の順に混ぜて生地を作ります。
- アーモンドプードルを加えると風味がよくなりますが、ない場合は薄力粉で代用します。
- 生地が温まると食感が悪くなるので、作業は手早く行います。
- ルーラーを使うと均一の厚さにのばせます。

バターを楽しむクッキー生地 バリエーション

Variation 1
ココアとクルミのクッキー

生地を棒状にして冷凍し、焼くときに砂糖をまぶして切る「アイスボックスクッキー」です。
ホロリとした食感の生地に、カリッと香ばしいクルミが良いアクセントになっています。

材料（直径3cmの丸形 約20枚分）

無塩バター		60g
粉糖		25g
卵		10g
バニラエッセンス		5滴
A	薄力粉	85g
	ココア	7g
	塩	ひとつまみ
クルミ		30g
クリスタルシュガー		適量

準備

- クルミは180℃のオーブンで10分間ローストし、冷めたら1cm角に割っておく。
- Aは合わせてふるっておく。
- オーブンを180℃に予熱しておく。

How to make

1 バターをやわらかくなるまで練り、粉糖を2回に分けて加え、ゴムベラで練り混ぜる。

2 卵を2回に分けて加え、ゴムベラで練り混ぜる。バニラエッセンスも加えて混ぜる。

3 Aを加え、粉気がなくなるまでゴムベラで練り混ぜる。ラップに包み冷蔵庫で1時間冷やし固める。

4 台の上に出し、均一なやわらかさになるまで軽くこねたらクルミを加える。

5 棒状に成形し、ラップで包み冷凍庫で1時間冷やし固める。

6 クリスタルシュガーをまぶし、1cmの厚さにカットする。オーブンシートを敷いた天板に並べ、180℃に予熱したオーブンで12分焼く。

Point

- 粉糖を使うことでホロッとした食感になります。グラニュー糖で作る場合は、工程 **1**、**2** は泡立て器を使ってすり混ぜてください。

バターを楽しむクッキー生地 バリエーション

Variation 2
チーズクッキー

基本の生地作りを覚えたら、合わせるものを変えて塩気のあるクッキーに。
香ばしく焼けたチーズが止まらないおいしさです。お酒のおつまみにもぴったり。

材料（5cmの三角形 約20枚分）

無塩バター		40g
A	薄力粉	60g
	パルメザンチーズ	20g
	グラニュー糖	5g
	塩	ひとつまみ
	粗びき黒こしょう	適量
牛乳		10g

準備

- 薄力粉はふるっておく。
- オーブンを180℃に予熱しておく。

How to make

1 ボウルにバターを入れ、やわらかくなるまでゴムベラで練る。

2 Aを一度に加え、ゴムベラで切るように混ぜる。

3 ポロッとしてきたら牛乳を加え、ゴムベラで生地をすりつぶすようになじませる。

4 3をひとかたまりにまとめる。

5 ラップで上下をはさみ、3mmの厚さにのばし、包丁で5cmの長さの三角形にカットする。ストローで穴をあける。

6 オーブンシートを敷いた天板に並べ、180℃に予熱したオーブンで10分くらい焼く。

Point

- 気温によって必要な牛乳の量が変わるため、10g前後で様子を見ながらまとめます。
- カットの大小で焼き時間が変わります。香ばしい色を目安に調整してください。

バターを楽しむクッキー生地 バリエーション

Variation 3
タルトタタン

クッキー生地を土台にして、タルトを作ってみましょう。
フライパンでりんごを煮るだけだから簡単。マフィン型にぎゅっと押し込むときれいな形に。
お好みでシナモンをかけて召し上がれ。

● この本をどこでお知りになりましたか?(複数回答可)
1. 書店で実物を見て　　　　　2. 知人にすすめられて
3. テレビで観た(番組名:　　　　　　　　　　　　　　)
4. ラジオで聴いた(番組名:　　　　　　　　　　　　　)
5. 新聞・雑誌の書評や記事(紙・誌名:　　　　　　　　)
6. インターネットで(具体的に:　　　　　　　　　　　)
7. 新聞広告(　　　　　　新聞)　8. その他(　　　　　)

● 購入された動機は何ですか?(複数回答可)
1. タイトルにひかれた　　　　2. テーマに興味をもった
3. 装丁・デザインにひかれた　　4. 広告や書評にひかれた
5. その他(　　　　　　　　　　　　　　　　　　　　)

● この本で特に良かったページはありますか?

[　　　　　　　　　　　　　　　　　　　　　　　　]

● 最近気になる人や話題はありますか?

[　　　　　　　　　　　　　　　　　　　　　　　　]

● この本についてのご意見・ご感想をお書きください。

[　　　　　　　　　　　　　　　　　　　　　　　　]

以上となります。ご協力ありがとうございました。

お手数ですが
切手を
お貼りください

郵便はがき

150-8482

東京都渋谷区恵比寿4-4-9
えびす大黒ビル
ワニブックス 書籍編集部

──── お買い求めいただいた本のタイトル ────

本書をお買い上げいただきまして、誠にありがとうございます。
本アンケートにお答えいただけたら幸いです。
ご返信いただいた方の中から、
抽選で毎月5名様に図書カード(1000円分)をプレゼントします。

ご住所　〒
TEL(　-　-　)
(ふりがな) お名前
ご職業　　　　　　　　　　　　年齢　　歳 　　　　　　　　　　　　　　　性別　男・女

いただいたご感想を、新聞広告などに匿名で
使用してもよろしいですか？　（はい・いいえ）

※ご記入いただいた「個人情報」は、許可なく他の目的で使用することはありません。
※いただいたご感想は、一部内容を改変させていただく可能性があります。

材料（直径7cmのマフィン型4個分）

りんご（紅玉）	2個（正味370g）
グラニュー糖	60g
水	15g
無塩バター	10g
バニラビーンズ	1本
型抜きクッキー（直径7cm）	4枚

準備

- りんごは芯を取り8等分にカットする。皮は少し残してむく。
- バニラビーンズは縦に裂き、種を出しておく。
- 切り目を入れていないオーブンシートを型に敷く。
- P41の型抜きクッキーを直径7cmの丸型で抜いて焼いておく。
- オーブンは180℃に予熱しておく。

How to make

1 グラニュー糖と水10gをフライパンで加熱し、色づいたら火を止め、水5g、バター、バニラビーンズ、りんごを順に加える。はねるので注意。

2 ふたをして中火で加熱する。たまに返しながら、くったっとするまで約10分煮る。

3 型に4切れずつ入れ、フライパンに残ったソースも入れる。

4 180℃に予熱したオーブンで15分焼く。冷めたらクッキーをのせる。

5 型に網をのせてから上下をひっくり返す。

6 型を外し、オーブンシートも外す。

Point

- グラニュー糖と水をフライパンで加熱する際、かき混ぜると砂糖が結晶化してしまうので、フライパンを揺するだけにしましょう。
- お好みで、シナモンパウダーやピスタチオをトッピングします。

バターを楽しむクッキー生地 バリエーション

Variation 4
型なしフルーツタルト

タルト型がなくてもできる簡単タルトです。
クッキーのサクサク生地にしっとりアーモンドクリームが抜群の相性。
お好みのフルーツをのせて焼いてください。

材料（直径10cmのタルト6個分）

無塩バター	40g
粉糖	30g
卵	35g
バニラエッセンス	2滴
アーモンドプードル	40g
P41のクッキー生地	2倍量
好みのフルーツ（グレープフルーツ、ブルーベリー、ラズベリーなど）	1個につき20g

準備
- アーモンドプードルはふるっておく。
- P41の型抜きクッキー生地を作っておく。
- オーブンは180℃に予熱しておく。

How to make

1 ボウルにバターを入れ、粉糖を3回に分けて加えゴムベラで練る。泡立て器に替えて空気を含ませるように混ぜる。

2 卵を4回に分けて加え、泡立て器でなじむまで混ぜる。バニラエッセンスも加えて混ぜる。

3 アーモンドプードルを加え、ゴムベラで混ぜる。

4 クッキー生地を直径10cmの丸形にくり抜く。**3**を各20gのせる。

5 **4**の生地の端を中心に向かって折り返す。

6 フルーツをのせ、180℃に予熱したオーブンで25分焼く。

Point
- クッキー生地が温まるとバターが溶け出して作業しにくいので、生地がゆるんできたら冷蔵庫に入れて冷やすようにしましょう。

バターを楽しむやわらかい生地

pound cake
プレーンパウンドケーキ

油と砂糖と卵と小麦粉を同量（1パウンド）ずつ入れることから名付けられた
パウンドケーキ。まずは基本の材料をどんどん混ぜていく、シンプルな作り方を
ご紹介します。お好みでナッツやドライフルーツなどを混ぜ込むのもおすすめです。

材料（160×80×75mmのパウンド型）

無塩バター	100g
グラニュー糖	100g
卵	2個
薄力粉	100g

準備

- 薄力粉はふるっておく。
- 卵は常温に戻しておく。
- 型にオーブンシートを敷いておく。
- オーブンは180℃に予熱しておく。

How to make

1

バターをゴムベラでやわらかくなるまで練ったら、グラニュー糖を4回に分けて加え、その都度ハンドミキサーで混ぜる。

2

白っぽくふんわりしたら、溶いた卵を8回に分けて加え、その都度ハンドミキサーで混ぜる。

3

よく混ぜてふんわりさせる。

4

ボウルのフチについた生地をゴムベラで中に入れてから薄力粉を2回に分けて加え、その都度ゴムベラで底から返すように混ぜる。

5

粉気がなくなってからも混ぜ続け、ツヤのある生地にする。

6

型に流し、180℃に予熱したオーブンで50〜60分焼く。

Point

- ハンドミキサーがない場合は、時間がかかりますが写真のような状態になるまで泡立て器でしっかり混ぜてください。
- 焼き上がったら網の上に出し、ふんわりラップをかけて保湿しながら冷ますとしっとりした仕上がりになります。

バターを楽しむやわらかい生地

Carrot cake
キャロットケーキ

こちらは、全卵をしっかり泡立てて作るタイプ。
にんじんが約1本入っているとは思えない、しっとりふんわりしたケーキになります。
シナモンの香りを効かせると、クルミとレーズンによく合います。

材料（160×80×75mmのパウンド型）

- 卵 —— 1個
- きび砂糖 —— 45g
- 無塩バター —— 50g
- A
  - にんじん —— 80g
  - クルミ —— 25g
  - レーズン —— 25g
- B
  - 薄力粉 —— 85g
  - アーモンドプードル —— 15g
  - ベーキングパウダー —— 2g
  - シナモンパウダー —— 1g
- C
  - クリームチーズ —— 40g
  - 粉糖 —— 5g

準備

- にんじんはすりおろしておく。
- クルミは180℃のオーブンで10分間ローストし、冷めたら1cm角に割っておく。
- レーズンは熱湯を回しかけ、ざるにあける。
- バターは湯せんにかけ溶かしておく。
- 型に敷紙を敷いておく。
- Bは合わせてふるっておく。
- オーブンを180℃に予熱しておく。

How to make

1 常温の卵を割りほぐし、きび砂糖を加えてハンドミキサーでとろりとするまで泡立てる。

2 溶かしたバターを一度に加え、ゴムベラで底から返すように混ぜる。

3 準備しておいたAを加え、均一になるまで混ぜる。

4 Bを2回に分けて加え、その都度ゴムベラで底から返すように混ぜる。

5 型に流し、180℃に予熱したオーブンで40分焼く。

6 焼けたら網の上に出して冷まし、完全に冷めたら混ぜ合わせたCをトッピングする。

Point

- 卵が冷たいと泡立ちにくいため、工程 **1** では遠めの直火にかざして卵を温めてから泡立ててもいいでしょう。

バターを楽しむやわらかい生地

Blueberry crumble cake
ブルーベリークランブルケーキ

こちらは、卵白だけを泡立てて作るバターケーキ生地。
生地にフルーツなどを混ぜ込んでもおいしいですが、今回はトッピングをひと工夫。
加熱したブルーベリーはソースのようになって、クランブルによく合います。

材料（180×80×80mmのパウンド型）

バターケーキ生地
- 無塩バター ……… 45g
- 粉糖 ……… 30g
- 卵黄 ……… 1個分
- アーモンドプードル ……… 30g
- 卵白 ……… 1個分
- グラニュー糖 ……… 30g
- 薄力粉 ……… 40g
- バニラエッセンス ……… 3滴
- ブルーベリー ……… 100g

クランブル
- 無塩バター ……… 15g
- A
  - 薄力粉 ……… 15g
  - アーモンドプードル ……… 12g
  - グラニュー糖 ……… 20g

準備
- 粉類はふるっておく。
- 型にオーブンシートを敷いておく。
- 卵白はボウルに入れて冷蔵庫で冷やしておく。
- オーブンを180℃に予熱しておく。

How to make

1 クランブルを作る。ボウルにAをふるい入れ、細かく刻んだバターを加え手ですり混ぜてぼろぼろにする。冷蔵庫で冷やす。

2 生地を作る。バターをやわらかくなるまで練ったら、粉糖を3回に分けて加え混ぜる。卵黄も加え、均一になるまで混ぜる。

3 2にアーモンドプードルを加え、均一になるまで混ぜる。

4 冷やしておいた卵白に、グラニュー糖を3回に分けて加えハンドミキサーで泡立て、メレンゲを作る。2回に分けて3に加え、ゴムベラで底から返すように混ぜる。

5 バニラエッセンスも加え、だいたい混ざったら、薄力粉を2回に分けて加える。ゴムベラで底から返すように、ツヤが出るまで混ぜる。

6 型に流し、上にブルーベリーをのせ、1のクランブルものせる。180℃に予熱したオーブンで45分焼く。

Point
- メレンゲがかたいと生地に混ざりにくいため、泡立てすぎに注意しましょう。

バターを楽しむやわらかい生地

Madeleine
マドレーヌ

マドレーヌも、混ぜるだけで簡単！
ふんわりした仕上がりにするには生地を休ませてから焼くのがポイントです。
ぷっくりした「おへそ」ができたら大成功！

材料（マドレーヌ型8個分）

	卵	1個
	グラニュー糖	45g
A	薄力粉	45g
	アーモンドプードル	5g
	ベーキングパウダー	2g
	無塩バター	50g
	レモンの皮	½個分
	（もしくはバニラエッセンス 2滴）	

準備

- バターは溶かし、温かい状態にしておく。
- レモンの皮は削っておく。
- 型に刷毛でバターを塗っておく。
- オーブンを180℃に予熱しておく。

How to make

1 ボウルに溶いた卵とグラニュー糖を入れ、ボウルの底を湯せんで温め、グラニュー糖が溶けるまで混ぜる。

2 Aを合わせてふるい入れ、粉っぽさがなくなるまで泡立て器でゆっくり円を描くように混ぜる。

3 溶かしバターを2回に分けて加え、均一になるまで混ぜる。

4 レモンの皮（もしくはバニラエッセンス）も混ぜたら、生地を2時間休ませる。

5 生地を型に流し、180℃に予熱したオーブンで15分焼く。

6 焼けたら型から外し、ラップをして保湿しながら冷ます。

Point

生地を絞り袋に入れてから休ませておくと、絞りやすくなります。

シンプルな材料でワンランク上のお菓子

Cream puff
シュークリーム

お菓子作りの最難関、シュークリーム。でも使う材料は、特別なものは何もない、
シンプルなものばかり。写真のとおりに手順を追って進めていけば、
必ずふくらむはずなので、ぜひチャレンジしてみましょう！

シュー生地

材料（直径6cmのシュークリーム12個分）

- A
  - 牛乳 ―― 60g
  - 水 ―― 60g
  - 無塩バター ―― 50g
  - 塩 ―― 1g
  - グラニュー糖 ―― 2g
- 薄力粉 ―― 75g
- 卵 ―― 2～3個

準備

- 材料はすべて常温に戻しておく。
- 薄力粉はふるっておく。
- オーブンに天板をセットして200℃に予熱しておく。

How to make

1 鍋にAを入れて火にかけ、沸騰させる。

2 火を止め、薄力粉を一度に加え木べらで粉気がなくなるまで混ぜる。

3 再び中火にかけ、木べらで生地を鍋底にこすりつけながら生地に火を通す。鍋底に薄い膜が張り、生地がひとかたまりにころんとするまで、30秒～1分程度かかる。

4 生地をボウルに移し、卵を3、4回に分けて加え、木べらでよく混ぜる。木べらですくって落としたときに生地が逆三角形に垂れるのが目安。

5 丸口金（11番）を付けた絞り袋に入れ、オーブンシートに直径5cmにこんもりと絞り出す。水をつけた指で表面をならす。フォークに水をつけ格子状に筋を入れる。たっぷり霧吹きをする。

6 予熱しておいた天板にのせ、200℃で15分、180℃に下げて20分焼く。

Point

- 工程**4**で、卵の量は加熱具合によって変わるので、様子を見ながら調整してください。生地が冷めるとかたくなり、かたさの判断ができなくなるため、急いで作業しましょう。
- シュー生地作りはスピードが命。生地が温かいうちに絞れるとベストです。

カスタードクリーム

別名「クレームパティシエール（お菓子屋さんのクリーム）」と言われるカスタードクリームは、いろんなお菓子に合わせられる基本のクリーム。お好みで生クリームを加えると、さらにリッチな味に。

材料（作りやすい分量）

卵黄	3個	牛乳	250g
グラニュー糖	45g	バニラビーンズ	½本
薄力粉	18g	無塩バター	15g

準備

● 薄力粉はふるっておく。

How to make

1 ボウルに卵黄を溶きほぐしグラニュー糖を加え、白っぽくなるまで泡立て器でよく混ぜる。薄力粉を加え、粉気がなくなるまで混ぜる。

2 バニラビーンズは縦に裂いて種を出し、さやごと牛乳と一緒に鍋に入れ加熱する。

3 牛乳が沸騰したら、**1**に少しずつ加え混ぜる。

4 **3**をざるでこしながら鍋に戻す。

5 泡立て器で混ぜながら中火で加熱する。ポコポコと沸騰してからさらに1分ほど加熱し、どろっとしたクリームがとろりと軽くなったらOK。

6 火を止めてバターを加えてゆっくり混ぜ、きれいなバットに流し表面をラップで覆い、氷を当てて急冷する。

Point

冷えたらボウルの中で木べらを使ってほぐします。お好みで生クリーム50gとグラニュー糖5gを合わせて泡立て、混ぜます。

● 丸口金（11番）を付けた絞り袋に入れて、シュー1個につき35gほど絞り入れます。

シンプルな材料でワンランク上のお菓子 *バリエーション*

Variation
チョコレートシュークリーム

基本のカスタードクリームにチョコレートを加えると、また一味違ったシュークリームになります。バレンタインにもオススメです。

材料（直径6cmのシュークリーム12個分）

P59のシュー生地	12個
P60のカスタードクリーム（バターを除く）	全量
チョコレート	50g
トッピング	
コーティング用チョコレート	適量
ピスタチオ	適量
アーモンドダイス	適量
フリーズドライフランボワーズ	適量

How to make

1 P60の要領でカスタードクリームを作り、最後に入れるバターの代わりに刻んだチョコレートを入れる。

2 泡立て器で混ぜて溶かす。P60と同じように冷却する。

3 ボウルに移し木べらでほぐしたら、口金を付けた絞り袋に入れる。焼けたシューの底に菜ばしなどで穴を開けてクリームを絞り入れる。

4 コーティング用のチョコレートを溶かしてシューの上部につけ、ピスタチオなどをトッピングする。

プラスαの材料がメインのお菓子

Gateau chocolat
ガトーショコラ

チョコレートや生クリームをたっぷり使ったお菓子です。
どっしりしすぎず、ふんわりしすぎずの生地は、濃厚でなめらかな口溶け。

材料（直径15cmの丸型1個分）

A
- チョコレート ………… 65g
- 無塩バター ………… 35g
- 生クリーム ………… 20g
- ブランデー ………… 7g

B
- 卵黄 ………… 1個分
- グラニュー糖 ………… 30g

C
- 薄力粉 ………… 10g
- ココア ………… 25g

D
- 卵白 ………… 1個分
- グラニュー糖 ………… 40g

準備
- Cは合わせてふるっておく。
- 卵白はボウルに入れて冷蔵庫で冷やしておく。
- オーブンを170℃に予熱しておく。

How to make

1. Aをボウルに入れて湯せんにかけ、混ぜて溶かす。

2. 別のボウルにBの卵黄をほぐしグラニュー糖を加え、ふんわりするまでハンドミキサーで泡立て、**1**に加え混ぜる。

3. **2**にふるったCを加え、ゴムベラで底から返すように混ぜる。

4. Dの卵白にグラニュー糖を4回に分けて加えながら、ハンドミキサーで泡立てる。

5. **3**に**4**を2回に分けて加え、ゴムベラで底から返すように混ぜる。

6. 敷紙を敷いた型に流し、170℃に予熱したオーブンで25分焼く。

Point
- 粗熱がとれたら型から出し、ふんわりラップをかけて冷ますとしっとり仕上がります。完全に冷めたら、お好みでトッピング用粉糖を茶こしを使ってかけ、フルーツを添えていただきます。

プラスαの材料がメインのお菓子

Fondant chocolat
フォンダンショコラ

熱々をいただくと、とろけたガナッシュが流れ出します。
生地に少しシナモンを入れているので大人味。
お好みでバニラアイスやフルーツを添えても。

材料（直径7cmのココット型5個分）

ガナッシュ
- チョコレート ……… 25g
- 生クリーム ……… 25g

生地
- A
  - チョコレート ……… 80g
  - 無塩バター ……… 40g
- B
  - 卵 ……… 2個
  - グラニュー糖 ……… 40g
- C
  - 薄力粉 ……… 25g
  - ココア ……… 4g
  - シナモン ……… 0.5g

準備
- Cは合わせてふるっておく。
- 卵は常温に戻す。
- ココット型に薄くバターを塗る（紙のマフィンカップの場合はそのままでOK）。
- オーブンを170℃に予熱しておく。

How to make

1 ガナッシュを作る。湯せんで溶かしたチョコレートに生クリームを少しずつ加え混ぜる。冷ましたら棒状にしてラップに包み冷凍庫で固める。

2 生地を作る。ボウルにAを入れて湯せんで溶かし混ぜる。

3 別のボウルにBを入れ、ハンドミキサーでとろりとするまで泡立てる。

4 2に3を加え、均一になるまで泡立て器で混ぜる。

5 4にふるったCを加え、ゴムベラで底から返すように混ぜる。

6 ココット型に半量の生地を流し、1のガナッシュをカットして入れ、残りの生地を流す。170℃に予熱したオーブンで13～15分焼く。

Point
- 冷えるとガナッシュが生チョコのようになり、それもおいしくいただけます。再度とろけさせたい場合は600Wのレンジで5～10秒ほど温めてください。

| プラスαの材料がメインのお菓子

Cheesecake
チーズケーキ

メレンゲを入れて湯せん焼きするスフレタイプですが、
軽すぎずしっとりした口当たり。
冷蔵庫で一晩寝かせて、焼いた翌日に食べるのがおすすめです。

材料（直径15cmの丸型）

クリームチーズ	150g	レモン果汁	10g
卵黄	2個分	卵白	2個分
薄力粉	20g	グラニュー糖	50g
A 牛乳	55g	あんずジャム	15g
無塩バター	30g		

準備

- 薄力粉はふるっておく。
- Aは合わせて湯せんにかけ温めておく。
- 卵白はボウルに入れて、冷蔵庫で冷やしておく。
- 型にオーブンシートを敷いておく。
- オーブンを150℃に予熱しておく。

How to make

1 クリームチーズをやわらかくなるまで練ったら卵黄を1つずつ加え、なめらかになるまで混ぜる。

2 ふるった薄力粉を加え、粉気がなくなるまで混ぜたら、温めておいたAを加え混ぜる。

3 卵白にグラニュー糖を4回に分けて加えながらハンドミキサーで泡立て、ゆるめのメレンゲを作る。

4 2に3のメレンゲを2回に分けて加え、ゴムベラで底から返すように混ぜる。

5 型に流し入れ、天板に1cmお湯を張り、150℃に予熱したオーブンで35分焼く。

6 粗熱がとれたら型から出し、冷蔵庫で冷やす。表面にあんずジャムを塗る。

Point

- 型に十字になるようにオーブンシートを敷いておくと、取り出しやすくなります。
- お好みで泡立てた生クリームやフルーツを添えていただきます。

プラスαの材料がメインのお菓子

Sweet potato
スイートポテト

無塩バターとバニラエッセンスさえあれば、あとは材料も少なく、作るのも簡単。
オーブンいらずで作れるのも手軽です。しっとり、なめらかに仕上げて秋のおやつに。

材料（6cmのいも形6個分）

さつまいも	200g
無塩バター	20g
バニラエッセンス	3滴
コンデンスミルク	10g前後
溶き卵	適量

準備
- アルミホイルに薄く油を塗っておく。

How to make

1

さつまいもは皮をむき、適当な大きさにカットしてやわらくなるまで蒸す。

2

材料をすべてフードプロセッサーに入れ、なめらかになるまで攪拌する。

3

手に水をつけてから生地を手に取り、好みの形にする。溶き卵を刷毛で塗る。

4

焦げ目がつくまでトースターかグリルで焼く。

2'

2でフードプロセッサーがない場合は、さつまいもを蒸した後マッシャーでつぶす。

2"

その他の材料を加え、なめらかになるまでゴムベラで混ぜる。その後の手順は同じ。

Point
- さつまいもは個体によって甘味も水分量も異なるので、コンデンスミルクで甘さとなめらかさを調節してください。

溶かしたチョコレートをコルネという細い絞り袋に入れて顔を描くなどかわいいアレンジも。

column

愛用の材料について

よく使っているお気に入りの材料をパッケージごと紹介します。
これでなければいけないというわけではなく、手に入らないときは別のもので代用しています。

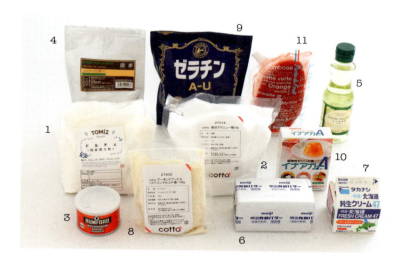

1. 薄力粉（江別製粉 ドルチェ）

小麦の旨味を感じられるおいしさで気に入っています。

2. グラニュー糖
（粒子の細かい製菓用グラニュー糖）

微粒子だとほかの材料との混ざりがいいので重宝します。

3. ベーキングパウダー
（ラムフォード）

アルミニウム不使用のものを選んでいます。

4. ココア（イル・ブルー）

砂糖や乳製品が入っていない純ココア。深い香りと粒子の細かさが気に入っています。

5. 太白胡麻油（竹本油脂）

Part1のレシピでよく使う植物油がこちら。煎らずに搾った太白胡麻油はクセもなく、サラダ油を使うより旨味のある生地ができる気がします。

6. バター
（明治 発酵バター 食塩不使用）

香り、味ともにしっかりした発酵バターを好んで使っています。

7. 生クリーム（タカナシ乳業）

コクがありつつ食べやすい口当たり。乳脂肪35%と47%を愛用。混ぜて使うこともあります。

8. アーモンドプードル
（スペイン産マルコナ種）

コクがあり、生地に加えると香ばしい焼き上がりになります。

9. ゼラチン（粉ゼラチンA-U）

透明感も口当たりもよく、いつもこれを愛用しています。

10. アガー（イナアガーA）

小分けになっているので少量使うときにも便利です。

11. フルーツピューレ
（ラ・フルティエール）

どのフレーバーもフレッシュで濃厚な味わい。加糖タイプなので、ほかに砂糖を入れずにお菓子に仕立てることも多いです。

これらの商品はスーパーマーケットもしくは下記の製菓材料店で購入しています。
- cotta（コッタ）　URL http://www.cotta.jp/　　0120-987-224
- TOMIZ（富澤商店）　URL http://www.tomiz.com/

Part 3

冷たいお菓子

　涼しげなお菓子が食べたくなったら、冷たいお菓子を手作りしてみましょう。

　定番のプリンや、ふるふるしたゼリー、なめらかな口溶けのアイスなど、固め方のバリエーションを知れば難しいことはありません。むしろオーブンなどを使わなくてもできますから、焼き菓子よりハードルが低いくらい。こちらも基本的な材料でできるものから紹介していきます。

　冷蔵庫に作っておいて、仕上げに季節の果物を飾ったり、Part1で作ったスポンジ生地を活用したりすれば、立派なおもてなしの一品に。

卵で固める冷たいお菓子

Custard pudding
カスタードプリン

卵と砂糖と牛乳、最低これだけあればプリンができてしまいます！
これこそ究極の"思い立ったらすぐできる"お菓子。
バニラビーンズやカラメルソースが、さらにおいしさを引き立てます。

材料（130mlのプリンカップ4個分）

卵	2個	カラメルソース	
グラニュー糖	40g	グラニュー糖	40g
牛乳	200g	水	10g
バニラビーンズ	⅓本	湯	10g

準備

- 蒸し器は鍋に湯をはり、網をセットしておく。

How to make

1 小鍋にカラメルソース用のグラニュー糖と水を入れ加熱する。色づいたら火を止め、湯を入れる（はねるので注意）。カラメルを型に流す。

2 卵を割りほぐし、グラニュー糖を加えてやさしく混ぜる。

3 牛乳と縦に裂いたバニラビーンズを沸騰直前まで温める。2に加え、砂糖が溶けるまでよく混ぜる。

4 3をざるなどで2回漉す。

5 1の型に流し、アルミホイルでふたをする。

6 湯をはった鍋に網をセットし5を置く。少しずらしてふたをし、弱火で10分加熱する。中心までふるふる揺れるようならOK。そのまま放置し、手で触れるまで冷めたら鍋から出して完全に冷まし、冷蔵庫に入れて冷やす。

Point

- カラメルソースを作る際、後から入れる水分が冷たいとカラメルが固まってしまうので、必ず湯を入れるようにします。
- お好みで泡立てた生クリームやフルーツを添えていただきます。

卵で固める冷たいお菓子 バリエーション

Variation
アールグレイ風味のクレームブリュレ

プリンの材料に生クリームを加えて少しアレンジすると、濃厚なクレームブリュレになります。
しかも蒸すのはフライパンを使うからさらにお手軽。アールグレイの茶葉を加えて上品な香りに。

材料（直径7cmのココット型5個）

卵黄	2個分
グラニュー糖	20g
生クリーム	100g
牛乳	100g
紅茶の茶葉（アールグレイ）	5g
グラニュー糖	適量

How to make

1

ボウルに卵黄とグラニュー糖を入れ、白っぽくなるまで泡立て器で混ぜる。

2

小鍋に生クリーム、牛乳、茶葉を入れ火にかけ沸騰直前まで温める。濾して170g量る。足りない場合は分量外の牛乳を足す。

3

1に**2**を加えながら泡立て器で混ぜる。

4

濾してからココット型に注ぎ、アルミホイルでふたをする。フライパンに深さ2cmくらいの湯をはり、ココット型を並べる。少しずらしてふたをして弱火で10分加熱する。

5

表面に膜がはり、ゆらすとふるふるゆれるくらいになったらOK。粗熱をとってから冷蔵庫で冷やしておく。

6

グラニュー糖をふりかけ、バーナーで表面を焦がす。

Point

● 表面のパリパリは時間が経つと溶けてしまうので、食べる直前に焦がすとよいでしょう。

ゼラチンやアガーで固める冷たいお菓子

Panna cotta
パンナコッタ

材料を混ぜて冷やすだけでできるので、とっても簡単なおやつです。
ゼラチンの量をギリギリ固まるくらいに抑えることで、
ふるふるととろける食感のパンナコッタができました。

材料（直径4cmのグラス6個分）

A ┌ 牛乳 —————— 250g
　├ バニラビーンズ ——— ½本
　└ グラニュー糖 ————— 40g
　粉ゼラチン —————— 6g
　水 ————————— 30g
　生クリーム ————— 200g

準備
- バニラビーンズは縦に裂いておく。

How to make

1 水に粉ゼラチンをふり入れ、冷蔵庫で10分間ふやかす。

2 Aをすべて小鍋に入れ、沸騰直前まで加熱する。

3 2を火からおろして1を加え、ゼラチンが溶けるまで混ぜる。

4 3をざるで漉す。

5 4のボウルの底を氷水に当て粗熱をとり、生クリームを加え混ぜる。

6 冷えてとろみがついたらカップに流し、冷蔵庫で5時間以上冷やし固める。

Point
- とろみがついてからカップに流すことで、バニラビーンズが沈むのを防いでいます。
- お好みで、上に切ったマンゴーやマンゴーソースをかけていただきます。

ゼラチンやアガーで固める冷たいお菓子 バリエーション

Variation 1
抹茶のパンナコッタ

抹茶の上品な香りと、
つるんとした食感がたまらないパンナコッタです。
型抜きしていますが、グラスに流して固めてもいいでしょう。
お好みで黒蜜をかけるのもおすすめ。

How to make

1 ボウルにグラニュー糖と抹茶を混ぜ合わせ、牛乳を少しずつ加え混ぜる。

2 鍋に移し、ふやけたゼラチンを加え、ゼラチンが溶けるまで加熱する。

3 ざるで濾し、ボウルの底を氷水に当てて粗熱をとり、生クリームを加える。

4 均一になるまで混ぜたら型に移し、冷蔵庫で2時間以上冷やし固める。型を湯に1秒つけて、逆さまにして皿に出す。

材料（直径6cmのババロア型2個分）

牛乳	100g	粉ゼラチン	3g
抹茶	2g	水	15g
グラニュー糖	20g	生クリーム	50g

準備
- 水に粉ゼラチンをふり入れ、冷蔵庫で10分間ふやかしておく。

Point
- グラニュー糖と抹茶を混ぜ合わせてから、牛乳を少しずつ混ぜることで、抹茶がダマになるのを防ぎます。
- お好みで泡立てた生クリーム、ゆであずき、栗、黒蜜などをトッピングしていただきます。

Variation 2
マンゴープリン

プリンはプリンでも、マンゴープリンは
パンナコッタと同じ作り方です。
そのままでもおいしいですが、
ココナッツミルクをかけるとトロピカル度が高まります。

材料（直径6cmのグラス2個分）

牛乳	50g	マンゴーピューレ	100g
粉ゼラチン	3g	生クリーム	50g
水	15g		

準備
- 水に粉ゼラチンをふり入れ、冷蔵庫で10分間ふやかしておく。

Point
- いつでも安定した味に作るため、冷凍ピューレ（加糖タイプ）を使用しています。無糖ピューレの場合は牛乳と一緒にグラニュー糖を適量加えて甘さを調節してください。
- お好みでココナッツミルクやマンゴーをデコレーションしていただきます。

How to make

1
P77のパンナコッタの工程**1〜4**と同様に、温めた牛乳にふやけたゼラチンを溶かし、ざるで濾す。※バニラビーンズは加えない。

2
1のボウルの底を氷水に当てて粗熱をとり、マンゴーピューレを加え混ぜる。

3
2に生クリームを加えて均一になるまで混ぜる。

4
容器に流し、冷蔵庫で2時間以上冷やし固める。

ゼラチンやアガーで固める冷たいお菓子 バリエーション

Variation 3
オレンジゼリー

フルーツのゼリーは、果汁にゼラチンを入れて固めるだけなので、材料も少なくてとにかく簡単。このレシピはオレンジ果汁だけで、さっぱり爽やかに仕上げました。中身をくり抜いたオレンジを器にすれば、おもてなしにも。

材料（直径7cmのオレンジ3個分）

オレンジ	3個
オレンジジュース	150g
粉ゼラチン	5g
水	25g

準備

- 水に粉ゼラチンをふり入れ、冷蔵庫で10分間ふやかしておく。

How to make

1 オレンジの上部¼をカットしスプーンで果肉をくり抜く。皮は器としてとっておく。

2 果肉をざるに入れてスプーンで押し、200gのジュースを搾る。足りない場合は分量外のオレンジジュースを足す。

3 2の搾り汁を鍋に移し、オレンジジュースを加え沸騰直前まで温めたら、ふやかしたゼラチンを加える。

4 よく混ぜてゼラチンを溶かし、ざるで漉す。

5 ボウルの底を氷水に当てて冷やし、粗熱をとる。

6 1で準備したオレンジのカップに流し、冷蔵庫で4～6時間冷やし固める。

Point

- オレンジの皮カップの底をほんの少し、薄くカットしておくと転がらず安定します。
- ふるふる食感に仕上がる分量になっています。かたいゼリーが好きな場合はゼラチン7g+水35gにしてください。
- お好みでミントなどのハーブを添えていただきます。

ゼラチンやアガーで固める冷たいお菓子 バリエーション

Variation 4
ミルクプリン

ゼリーやムースを固めるとき、よく使うのはゼラチンですが、のどごしよくするには
アガーもおすすめ。常温で固まるので手早く作ることができ、夏場に向いています。
つるりとしたミルキーなプリンには季節のフルーツを添えて。

材料（50mlの花形カップ6個分）

牛乳	200g
グラニュー糖	30g
アガー	6g
生クリーム	100g
桃、桃ジュース	各適量

How to make

1 グラニュー糖とアガーをよく混ぜ合わせる。

2 小鍋に牛乳を入れ、**1**を加えて混ぜる。

3 泡立て器で混ぜながら弱火で加熱し、沸騰してからさらに1分ほど加熱してしっかり溶けたら、ざるで漉す。

4 **3**のボウルの底を氷水につけて冷やしながら、生クリームを加えて混ぜる。

5 とろみがついてきたら容器に流し、冷蔵庫で30分〜1時間冷やし固める。

6 型ごと熱湯に3秒ほどつけ、型と生地の境目を押し、逆さにして皿に出す。桃と桃ジュースを添えていただく。

Point

- アガーは単体で使うとダマになるので、グラニュー糖とよく合わせて使います。冷めるとすぐにとろみがつくので、作業は手早く行いましょう。
- 季節ごとに、お好みのフルーツとフルーツジュースを添えていただきます。

クリームを泡立てる冷たいお菓子

Chocolate mousse
チョコレートムース

冷たいお菓子を手作りするなら、ふんわり、とろける食感のムースもぜひお試しを。
こちらはチョコレートのおいしさがダイレクトに出るので、
お気に入りのチョコを使ってください。

材料（直径5cmのグラス4個分）

牛乳	100g
粉ゼラチン	2g
水	10g
チョコレート	50g
キルシュ	3g
生クリーム	100g

準備

- 水に粉ゼラチンをふり入れ、冷蔵庫で10分間ふやかしておく。
- チョコレートは湯せんで溶かしておく。

How to make

1 小鍋に牛乳とふやかしたゼラチンを入れ、ゼラチンが溶けるまで温める。

2 溶かしておいたチョコレートに **1** を加え、均一になるまで混ぜる。

3 ボウルの底を氷水に当てて粗熱をとり、キルシュを加える。

4 別のボウルで生クリームを8分立てに泡立てる。

5 **3** に **4** の生クリームを2回に分けて加え混ぜる。

6 均一になったらグラスに流し、冷蔵庫で2時間以上冷やし固める。

Point

- 生クリームを泡立てるときは底を氷水につけ、低温に保つときれいに泡立ちます。
- お好みでホイップした生クリームやココアをデコレーションしていただきます。

クリームを泡立てる冷たいお菓子 バリエーション

Variation
苺のムースケーキ

ムースの作り方を覚えたら、スポンジと合わせてケーキ仕立てにしてみましょう。
ここでは甘酸っぱい苺ムースを使いました。ケーキ仕立てもムースフィルムを使えば手軽です。

材料（直径6cmのセルクル6個分）

A ┌ 苺ピューレ ─── 150g
　└ レモン果汁 ─── 10g
　粉ゼラチン ─── 5g
　水 ─── 25g
　キルシュ ─── 5g
　生クリーム ─── 100g
　スポンジケーキ（直径15cm） ─── 1台分

準備

- 15cm丸型でスポンジを焼いておく（P21参照。基本のスポンジの2倍量）。
- 水に粉ゼラチンをふり入れ、冷蔵庫で10分間ふやかしておく。
- ムースフィルムを巻いて直径6cmのセルクルを作っておく。

How to make

1. スポンジを1cm厚さにカットし、セルクルを押し当てて直径6cmにくり抜く。中央に入れる生地も直径4cmに抜く。

2. Aを混ぜ合わせ、常温にしておく。

3. ふやかしたゼラチンを湯せんで40℃まで温度を上げて溶かし、2に加え混ぜる。キルシュも加え混ぜる。

4. 別のボウルで生クリームを8分立てに泡立てる。

5. 4の生クリームを3に2回に分けて加え、均一になるまで混ぜる。

6. 用意しておいたセルクルに、6cmの生地、ムース、4cmの生地、ムースの順に入れる。冷蔵庫で2時間以上冷やし固める。

Point

- いつでも安定した味に作るため、冷凍ピューレ（加糖タイプ）を使用しています。生の苺をミキサーなどでピューレ状にして、砂糖適量を加えてもOKです。
- お好みで、上に切った苺や苺ピューレ、フルーツなどをトッピングしていただきます。

冷凍で作るなめらかお菓子

Royal milk tea ice cream
ロイヤルミルクティーアイスクリーム

アイスクリームは凍らせる途中でかき混ぜるのが面倒……という人も多いはず。
この作り方ならかき混ぜる手間もなし、コーンスターチを使うことでなめらかな食感の
アイスができます。コーヒー味などフレーバーを変えてもOK。

材料（直径6cmのディッシャー4すくい分）

紅茶の茶葉	5g
水	50g
牛乳	120g
コーンスターチ	7g
グラニュー糖	50g
生クリーム	100g

準備
- コーンスターチはふるっておく。

How to make

1 紅茶の茶葉と水を鍋に入れて加熱し、沸騰したら牛乳を加える。再度沸騰したら火を止め、ふたをして5分蒸らす。

2 1をざるで漉し、小鍋に入れる。

3 2にコーンスターチとグラニュー糖を加える。とろみがつくまで、かき混ぜながら弱火で加熱する。

4 生クリームを8分立てに泡立てる。

5 3を冷まして粗熱がとれたら、4を加え、混ぜる。

6 均一になるまで混ざったら容器に移し、冷凍庫で一晩凍らせる。

Point
- 生クリームと合わせる際に、生地が熱いと生クリームが溶けてしまうので、しっかり粗熱をとるよう注意してください。
- お好みでグラハムクッキーなどを添えていただきます。

冷凍で作るなめらかお菓子

Mango ice cream
マンゴーアイスクリーム

フルーツを使いますが、あえてシャーベットじゃなくアイスクリームに。
こちらのレシピは、面倒でも1時間ごとにかき混ぜると口溶けよく仕上がります。
アイスクリームに水あめを使うと、舌触りがなめらか。

材料（直径6cmのディッシャー4すくい分）

A
- マンゴーピューレ …… 100g
- 水あめ …… 60g
- レモン果汁 …… 5g
- ホワイトラム酒 …… 3g

生クリーム …… 100g

How to make

1 ボウルにAを入れて混ぜる。水あめが溶けない場合はボウルの底を直火にかざし温めて溶かす。

2 生クリームを8分立てに泡立てる。

3 1に2を2回に分けて加え、泡立て器で混ぜる。

4 均一になるまで混ざればOK。

5 型に流し、冷凍庫で4時間冷やし固める。1時間ごとにフォークでかき混ぜる。

6 しっかり固まったら完成。かたくなりすぎたら10分程室温に置くとすくいやすい。

Point
- ホワイトラム酒はなければはぶいてもOKです。
- マンゴーピューレとホワイトラム酒を、苺ピューレとキルシュに替えると、苺アイスになります。
- お好みでホワイトチョコとピスタチオを飾ったコーンにのせていただきます。

冷凍で作るなめらかお菓子

Banana and raspberry ice cake
バナナとラズベリーのアイスケーキ

材料を混ぜて固めるだけなので、思った以上に簡単なケーキです。
お味はヨーグルトベースなのでさっぱりと食べられます。カットしたとき、
中に入れたベリーの色合いがかわいいので、おもてなしにもおすすめ。

材料（直径12cmの丸型1個分）

スポンジ（1cm厚さ）	2枚
A ┌ 冷凍バナナ	100g
├ 冷凍ラズベリー	50g
├ コンデンスミルク	50g
├ プレーンヨーグルト	100g
└ 生クリーム	100g
冷凍ラズベリー、苺、ブルーベリーなど	150g

準備
- バナナは2cm程にカットして冷凍しておく。
- ラズベリーやほかのフルーツも冷凍しておく。

How to make

1 スポンジをP21の要領で焼き、1cm厚さにカットして直径12cmと10cmにカットする。

2 Aをすべてフードプロセッサーに入れてなめらかになるまで撹拌する。

3 敷紙を敷いた丸型に **2** の⅓量を流し、フルーツを50g入れる。

4 **2** を少し流し10cmのスポンジをのせる。

5 さらに **2** を少し流し、フルーツを50gのせ、残りの **2** を流す。

6 12cmのスポンジをのせ、冷凍庫で4時間以上冷やし固める。固まったら皿に逆さまに出し、残りのフルーツを飾る。

Point
- 冷凍庫によって固まる時間が違うことがあるので、様子を見ながら冷やし固めてください。

おわりに

　本格的にお菓子作りをするようになってから10年が経ちました。いろいろ試してきた中で、自分なりのおいしさ・手軽さを追求したレシピにたどり着いたように思います。

　欲張りなので、いつもいろいろなフレーバーを作って楽しむ傾向にあるのですが、本書では初心者の方でもとっつきやすいよう、プレーン味を載せるよう意識して、アレンジする場合もできるだけスーパーで手に入る食材を使うよう気をつけました。

　私自身、会社員の頃は休日にお菓子を作るのが息抜きになっていたり、作ったお菓子を職場の人とおやつに食べる時間が好きだったり、お菓子にはとても助けられてきました。これからも、そんなお菓子の魅力を伝える活動をしていけたらと思っています。

　より多くの方にお菓子作りの楽しさ、お菓子を囲む時間の喜びを感じていただけたら、こんなに嬉しいことはありません。

　この本を手にとってくださった皆様、いつもブログやSNSを見てくださっている読者の皆様、お菓子教室に通ってくださる生徒の皆様、レシピを試したよ、おいしかったよと伝えてくださる皆様、いつも応援してくださり本当にありがとうございます。

　お菓子作りを通して、たくさんの方と素敵な交流ができることは、私の人生の誇りであり励みになっています。これからもおいしいお菓子のレシピを考えて、発信していきたいと思います。どうぞよろしくお願いいたします。

　最後になりましたが、素敵な本に仕上げてくださったデザイナーの塚田さん、かわいいイラストを描いてくださったkaoriさん、詳しく校正してくださった鈴木さん、レシピ本を出す機会を与えてくださりわかりやすく編集してくださったワニブックスの川上さん本当にありがとうございました。

　そして、大好きな友人たち、いつも支えてくれる家族へ、本当にありがとう！

　この本を手にとってくださった皆様に素敵な時間が訪れますように。

2016年9月　marimo

2016年9月からは、キッチンスタジオをオープン！
お菓子教室のお知らせはこちら
ホームページ　http://marimo-cafe.com
ブログ　http://marimocafe.blog.jp
インスタグラム　https://www.instagram.com/marimo_cafe/

marimo
製菓衛生師・お菓子研究家

大学卒業後、大手印刷会社に勤務しながら国際製菓専門学校の通信教育課程で製菓を学ぶ。その後複数のお菓子教室に通い、研鑽を積む。2015年に独立し、お菓子教室を主宰するかたわら、企業向けレシピ開発や書籍、雑誌、WEBへのレシピ提供、テレビ、ラジオ出演など幅広く活動。写真撮影にも定評があり、カメラ雑誌への写真提供、講習会、イベント出演なども行う。著書に『marimo cafeのしあわせスイーツ』（SBクリエイティブ）がある。

staff
撮影・文・スタイリング／marimo
デザイン／塚田佳奈（ME&MIRACO）
イラスト／Kaori Hiei
校正／鈴木初江
編集／川上隆子（ワニブックス）

材料協力
cotta（コッタ）
TOMIZ（富澤商店）

思い立ったらすぐできる！
6コマお菓子レシピ
marimo 著

2016年10月6日　初版発行

発行者	横内正昭
編集人	青柳有紀
発行所	株式会社ワニブックス
	〒150-8482
	東京都渋谷区恵比寿4-4-9　えびす大黒ビル
電話	03-5449-2711　（代表）
	03-5449-2716　（編集部）
ワニブックスHP	http://www.wani.co.jp/
WANI BOOKOUT	http://www.wanibookout.com/

印刷所	凸版印刷株式会社
製本所	ナショナル製本

定価はカバーに表示してあります。
落丁・乱丁の場合は小社管理部宛にお送りください。送料は小社負担でお取り替えいたします。
ただし、古書店等で購入したものに関してはお取り替えできません。
本書の一部、または全部を無断で複写・複製・転載・公衆送信することは
法律で定められた範囲を除いて禁じられています。

©marimo2016
ISBN978-4-8470-9503-0